HORIZONS

Learning to Read

Level A
Textbook 1

Siegfried Engelmann

Owen Engelmann

Karen Lou Seitz Davis

SRA McGraw-Hill

Columbus, Ohio

A Division of The McGraw·Hill Companies

Illustration Credits

Dave Blanchette, Alex Bloch, Cindy Brodie, Mark Corcoran, Susanne Demarco, Kersti Frigell, Simon Galkin, Meryl Henderson, Susan Jerde, Anne Kennedy, Loretta Lustig, Pat Morris, Charles Shaw.

SRA/McGraw-Hill

A Division of The **McGraw·Hill** Companies

Printed in the United States of America.

Send all inquiries to:
SRA/McGraw-Hill
8787 Orion Place
Columbus, OH 43240-4027

ISBN 0-02-674189-X

8 9 VHJ 08 07 06

i

 n**o**

 m**e**

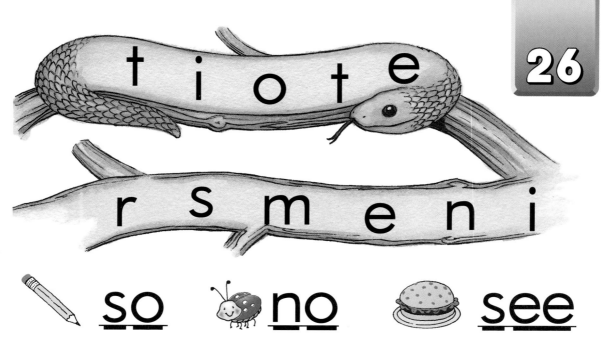

t i o t e

r s m e n i

so no see

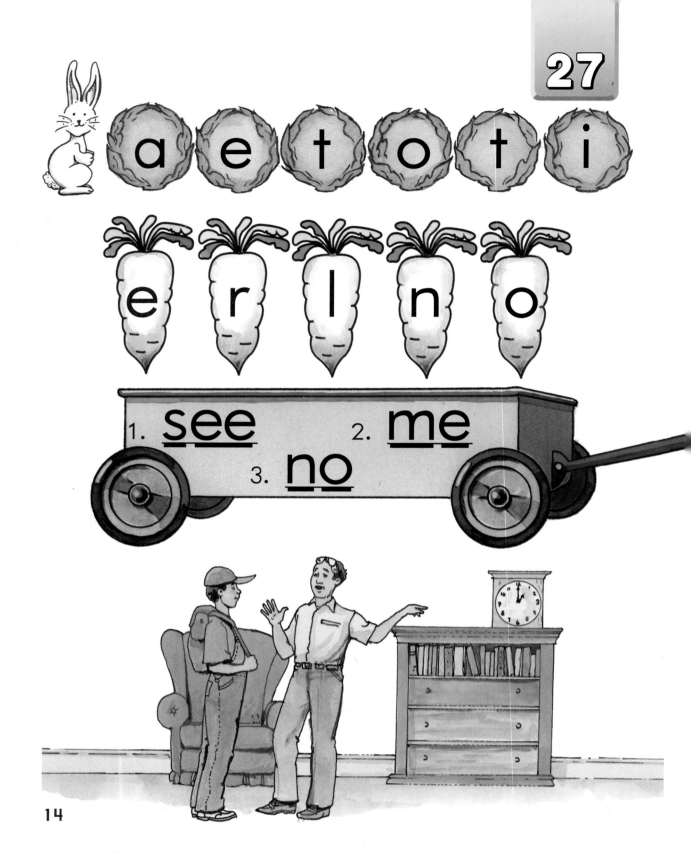

a e t o t i

e r l n o

1. <u>see</u> 2. <u>me</u>

3. <u>no</u>

l a f s m o r

1. <u>me</u> 2. <u>see</u> 3. <u>seem</u>

e t o i t a

a e

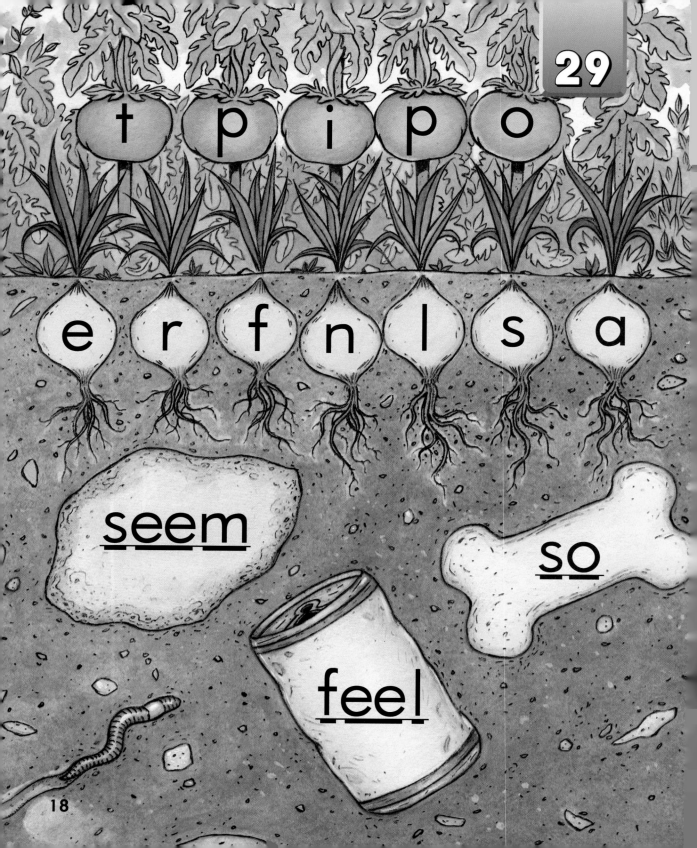

29

e i o

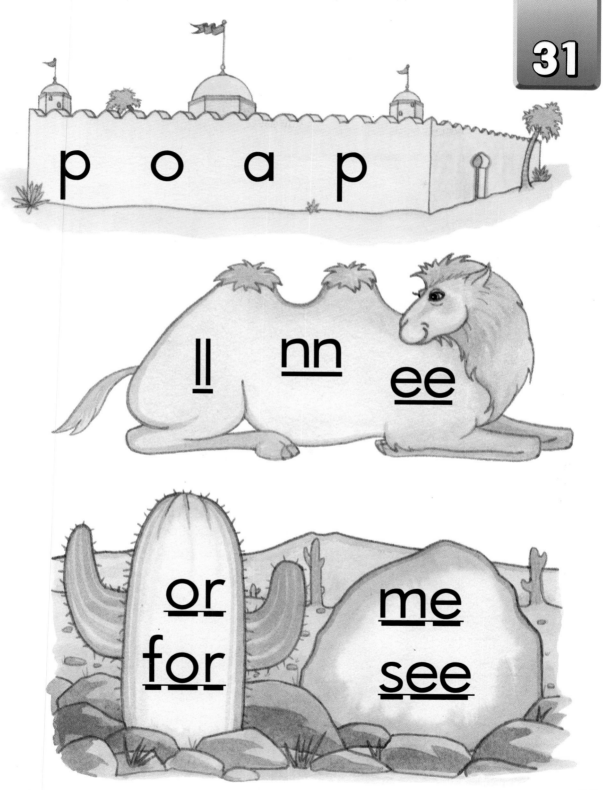

p o a p

ll   nn   ee

or
for

me
see

a o e

t p o i p

ll nn ee a

am man ran

for seem

i a o

y i e t p y

1. <u>am</u>   2. <u>ran</u>   3. <u>me</u>

<u>oa</u>   <u>ea</u>

1. <u>seem</u>   2. <u>feel</u>

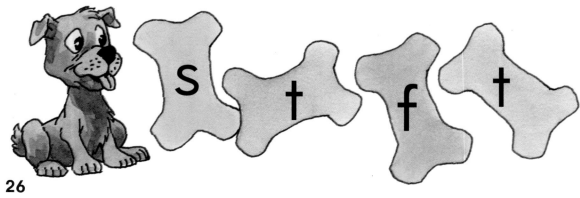

y p t y

1. <u>ram</u>
2. <u>me</u>
3. <u>seen</u>

<u>ai</u> <u>oa</u> <u>ea</u>

1. <u>am</u>
2. <u>me</u>
3. <u>no</u>

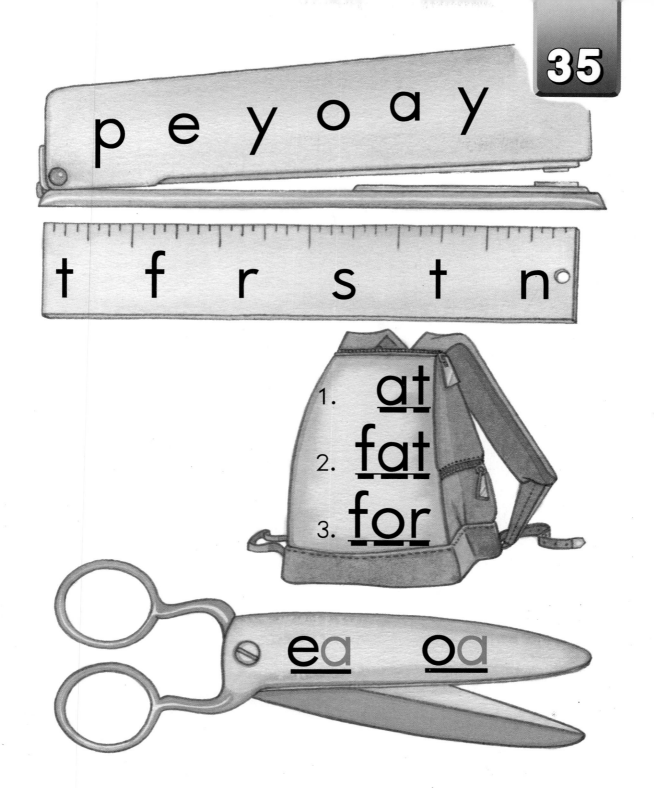

p e y o a y

t f r s t n

1. <u>at</u>

2. <u>fat</u>

3. <u>for</u>

<u>ea</u>   <u>oa</u>

a p i y

1. <u>or</u>
2. <u>for</u>
3. <u>am</u>
4. <u>ram</u>

l t f r t

e o a

<u>oa</u>

<u>ai</u>

<u>ea</u>

h r t h

a f o t r ee

ai

ea

1. <u>man</u>

2. <u>mat</u>

3. <u>feel</u>

h y o p h

o e n t i r f

<u>e</u>a   a<u>i</u>

1. <u>m</u>e<u>a</u>n

2. <u>r</u>a<u>i</u>n

3. <u>m</u>a<u>il</u>

1. <u>see</u>
2. <u>no</u>
3. <u>man</u>

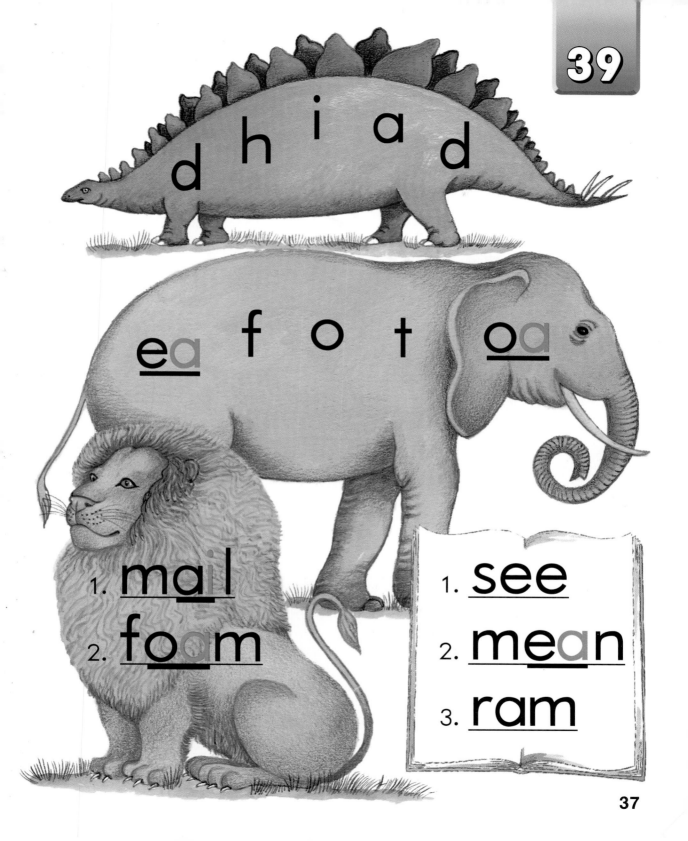

d h i a d

e a f o t o a

1. mail
2. foam

1. see
2. mean
3. ram

y d h p d a

ai ea t oa

1. f<u>oa</u>m

2. s<u>ea</u>l

3. r<u>ea</u>l

1. <u>ram</u>

2. <u>Sam</u>

3. <u>am</u>

h d t y d p

I a r m l i n

1. loaf
2. seal
3. rain
4. mean

1. am
2. ram
3. mean

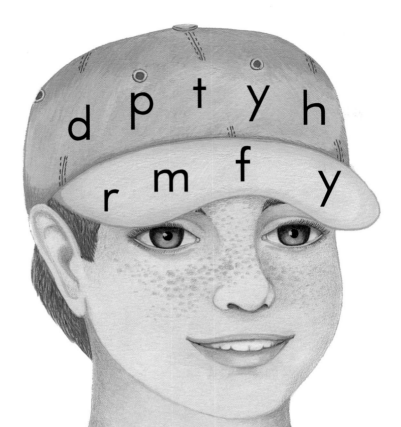

d p t y h

r m f y

1. r<u>ai</u>n I a

2. m<u>ea</u>l

3. l<u>oa</u>f

1. <u>I</u> <u>see</u>

2. <u>a</u> m<u>ea</u>l

d a i p h

a I

y m f l r

1. <u>I</u> <u>am</u>

2. <u>a</u> <u>ram</u>

3. <u>I</u> <u>am</u> <u>mean</u>.

1. <u>foam</u>

2. <u>real</u>

3. <u>tail</u>

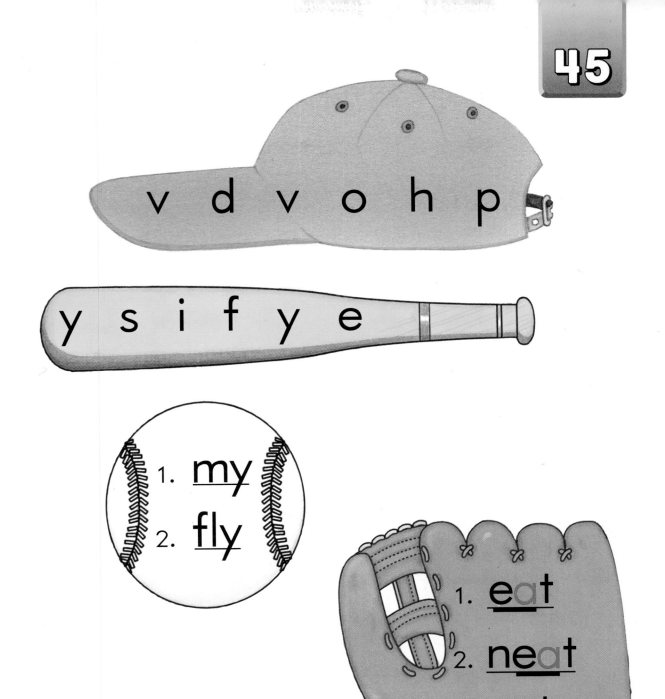

v d v o h p

y s i f y e

1. <u>m</u><u>y</u>
2. <u>f</u>l<u>y</u>

1. <u>e</u>at
2. n<u>ea</u>t
3. <u>s</u>a<u>il</u>

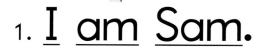

1. <u>I</u> <u>am</u> <u>Sam</u>.
2. <u>at me</u>

v d h v o p

y f e y o

1. n<u>ai</u>l

2. s<u>ea</u>l

3. s<u>ai</u>l

1. try

2. my

3. fly

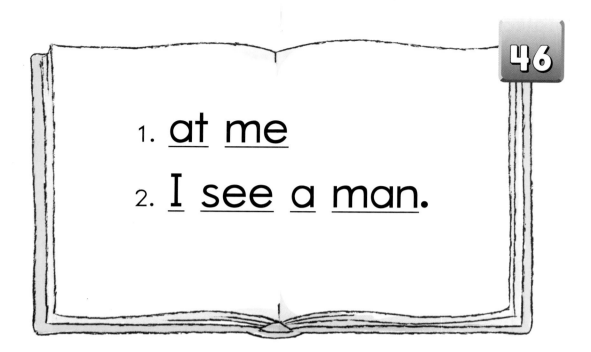

1. <u>at</u> <u>me</u>

2. <u>I</u> <u>see</u> <u>a</u> <u>man</u>.

<u>I</u> <u>see</u> <u>a</u> <u>man</u>.

y v d o h p d

1. A <u>ram</u>
2. A s<u>ai</u>l

f t y o<u>a</u> <u>ai</u> <u>ea</u>

1. fly
2. try
3. my

1. m<u>ai</u>l
2. l<u>oa</u>f
3. <u>ea</u>t

1. I eat.

2. I eat a loaf.

I eat.

52

k h d v p

1. A <u>rat</u>

2. A <u>fan</u>

t f r <u>ea</u> <u>ai</u> <u>oa</u>

1. s<u>ea</u>t

2. s<u>ai</u>l

3. s<u>ea</u>l

1. fry

2. try

1. I eat a loaf.
2. I sat.

p   v   k   h   k

t   s   p   f

1. <u>e</u>ar
2. n<u>ea</u>r
3. for

1. feel
2. <u>ea</u>t
3. n<u>ai</u>l
4. l<u>oa</u>n

1. <u>I</u> see <u>no</u> <u>man</u>.
2. <u>My</u> <u>fan</u> <u>ran</u>.

I see no man.